NOTICE

SUR LA QUESTION DE SAVOIR S'IL SERAIT POSSIBLE DE RÉTABLIR
LES SENSATIONS DE VISION AU MOYEN D'UN OEIL ARTIFICIEL
QUI TRANSMETTRAIT A LA RÉTINE LES RAYONS DE LU-
MIÈRE CONVENABLEMENT RÉFRACTÉS.

DÉDIÉE

A SA MAJESTÉ

LA REINE D'ESPAGNE,

PAR

N. Weylandt d'Hettanges,

MÉDECIN OCULISTE, ANCIEN CHIRURGIEN DE L'ARMÉE, MEMBRE DE PLUSIEURS
SOCIÉTÉS SAVANTES, AUTEUR DES TABLEAUX SYNOPTIQUES, DU MANUEL
ET FORMULAIRE OCULISTIQUE.

> La spécialité constitue l'art
> et sert de fondement aux
> applications utiles.
> DELPECH.

ORANGE,

IMPRIMERIE DE RAPHEL FILS.

—

1846.

Te $\frac{69}{78}$

NOTICE

SUR LA QUESTION DE SAVOIR S'IL SERAIT POSSIBLE DE RÉTABLIR LES SENSATIONS DE VISION AU MOYEN D'UN OEIL ARTIFICIEL QUI TRANSMETTRAIT A LA RÉTINE LES RAYONS DE LU-MIÈRE CONVENABLEMENT RÉFRACTÉS.

DÉDIÉE

A SA MAJESTÉ

LA REINE D'ESPAGNE,

PAR

N. Weylandt d'Hettanges,

MÉDECIN OCULISTE, ANCIEN CHIRURGIEN DE L'ARMÉE, MEMBRE DE PLUSIEURS SOCIÉTÉS SAVANTES, AUTEUR DES TABLEAUX SYNOPTIQUES, DU MANUEL ET FORMULAIRE OCULISTIQUE.

La spécialité constitue l'art et sert de fondement aux applications utiles.

DELPECH.

ORANGE,

IMPRIMERIE DE RAPHEL FILS.

—

1846.

Madame ,

Les maladies oculaires étant malheureusement
très fréquentes en Espagne, j'ai cru être agréable
à votre Majesté, en lui offrant la dédicace de cet
opuscule ; je serai heureux si vous daignez en
agréer l'offrande comme un bien faible témoignage
des sentiments de respect que je vous dois, et
avec lesquels j'ose me dire,

De votre Majesté,

Le très humble et très obéissant
serviteur,

WEYLANDT D'HETTANGES.

NOTICE.

Afin d'éviter les ennuis d'une préface, nous entrerons de suite en matière, en faisant observer tout d'abord qu'il y a deux choses fort distinctes à considérer dans l'organe de la vision, savoir :

1° Les milieux réfringens que traverse le faisceau lumineux, c'est-à-dire l'appareil réfringent formé de la cornée disposée selon une certaine courbure, de l'humeur aqueuse, du cristallin et de l'humeur vitrée ; cet appareil étant destiné à faire converger les faisceaux lumineux qui rayonnent des divers points de la surface d'un objet en autant de foyers distribués symétriquement sur la rétine et y reproduisant l'image symétrique de la suite des points dont se compose cette surface ;

2° L'appareil membrano fibreux et l'appareil membrano nerveux.

Le premier comprend la sclérotique, l'hyaloïde, la choroïde et l'iris, dont nous allons rappeler brièvement les fonctions. La sclérotique sert d'enveloppe extérieure à tous les éléments dont se compose l'organe de la vision ; l'hyaloïde contient l'humeur vitrée dans un tissu cellulaire très mince, très transparent, et distribué dans toute l'enceinte que celle-ci occupe. La choroïde opaque et noire éteint toute la lumière qui sans son pouvoir absorbant se serait formée, dans cette même enceinte, des réflexions de l'image, transforme cette enceinte en une véritable chambre obscure et sert d'écran absorbant pour éteindre la presque totalité des rayons lumineux qui, après avoir traversé la rétine, viennent reproduire contre sa paroi interne les images des divers points de la surface

de l'objet radieux. Enfin l'iris, membrane plane, circulaire, disposée verticalement, percée en son centre d'une
ouverture d'un diamètre d'environ 11 millimètres, co-
lorée à sa face antérieure et enduite d'une sorte de vernis
noir à sa face postérieure, a pour objet d'arrêter et d'é-
teindre tous les rayons incidents, situés au delà d'une
certaine distance de l'axe de l'œil. Cette ouverture, la
pupille, détermine donc le volume du faisceau incident
qui, après avoir traversé la cornée et l'humeur aqueuse,
se rend sur le cristallin ; elle peut être regardée comme
la base des divers cônes lumineux dont chaque point radieux de l'objet considéré forme les sommets. La contrac-
tilité de l'iris permet à cette membrane de rétrécir le
diamètre de la pupille lorsque, l'objet étant proche et
très-éclairé, le faisceau lumineux est devenu un peu trop
intense, et d'augmenter ce diamètre lorsque, l'objet étant
plus éloigné et peu éclairé, le faisceau lumineux a trop
diminué d'intensité.

L'appareil nerveux consiste dans l'épanouissement que
le nerf optique, après son entrée dans le globe de l'œil,
subit en s'aplatissant et s'appliquant sur le paroi interne
de la choroïde à laquelle il reste adhérent. C'est cet épanouissement, très-transparent, du nerf optique qui prend
le nom de *rétine*. Les images ne peuvent donc s'aller fixer
sur la choroïde sans que la rétine ne reçoive, en chacun
de ses points qui seront traversés par les foyers des divers faisceaux rayonnés de l'objet, l'excitation particulière qui constitue toutes les sensations de vision ; soit
que cette excitation résulte du passage même des rayons
à travers son tissu, soit qu'elle résulte de la modification
causée à la partie de la choroïde affectée de la lumière ;
modification que le contact immédiat de la choroïde avec
la rétine permettrait à celle-ci de percevoir.

Nous passons sous silence quelques corps fibreux ou
nerveux, tels que les muscles de l'œil, les corps ciliai-

res, les filets nerveux qui se rendent à l'iris, etc., parce qu'ils ne remplissent qu'un rôle secondaire dans les phénomènes de vision.

La répartition que nous venons de faire des principaux éléments dont se compose l'organe de la vision en deux catégories distinctes, afin de pouvoir ensuite considérer d'un même coup-d'œil la fonction ou l'état physiologique, selon le cas, de chacun de ces deux ordres d'éléments, nous conduit à diviser la question ci-dessus posée en ces deux autres questions qui doivent être examinées séparément :

(A) La fonction réfringente des humeurs de l'œil peut-elle être suppléée par un appareil réfringent, tout artificiel, qui ramènerait sur la rétine les foyers des faisceaux de lumière rayonnés de la surface des objets ?

(B) Cet appareil artificiel étant construit, peut-il s'adapter dans le globe de l'œil, de manière à y remplir la fonction réfringente des humeurs de l'œil qui n'existent plus, et retrouvera-t-il la rétine dans les conditions d'excitabilité dont dépendent les sensations de vision ?

On voit que ces deux questions doivent être traitées chacune par un ordre de considérations particulier, savoir : la première par des considérations tirées purement de l'optique, la seconde par des considérations puisées dans la physiologie de l'œil.

⚬⚬⚬⚬

1re SECTION.

L'art peut-il construire un appareil optique remplissant les fonctions réfringentes d'un œil naturel et ayant la même distance focale ?

Cette première question est évidemment susceptible d'une solution pleinement affirmative. Il est constant que nos opticiens construisent des appareils réfringents dont ils déterminent à leur gré le foyer virtuel ou le foyer imaginaire. Les lunettes convexes ou concaves, sont destinées à ajouter l'effet particulier de réfraction qui résulte de la forme et du degrès de leurs courbures à celui de notre œil, afin de corriger, selon les cas, l'excès ou la défectuosité de sa réfringence et de ramener sur la rétine les foyers de chaque point de l'objet radieux.

L'œil des presbytes, a son foyer au-délà de la rétine ; de là la nécessité de faire converger, déjà les rayons avant qu'ils ne pénètrent dans l'œil ; ce qui s'obtient facilement au moyen de verres convexes dont la courbure est réglée sur l'excès même de la distance focale. L'œil des myopes a son foyer en deçà de la rétine, dans l'humeur vitrée ; de là la nécessité de faire subir une certaine divergence aux rayons avant qu'ils ne pénètrent dans l'œil ; ce qui s'obtient facilement au moyen de verres concaves dont la courbure est réglée sur la différence qui existe entre la distance de la cornée au foyer et la distance de la cornée à la rétine. On sait en effet que la vision nette et distincte s'opère à cette seule condition que les foyers des faisceaux lumineux, rayonnés des divers points de l'objet, s'exprimeront sur la rétine par autant de points à peu-près mathématiques ; tandis que dans les deux cas où la distance focale se trouverait située au-delà où en deça de la rétine, chacun des points de l'objet produisant pour image un petit cercle, avant ou après l'entrecroisement des rayons qui composent chaque faisceau, et tous ces cercles s'entrecoupant et se superposant en partie les uns les autres, le même point de la rétine serait à la fois affecté des rayonnements de plusieurs points de l'objet, d'où il résulterait nécessairement la sensation confuse d'une image mal définie, c'est-à-dire ce que l'on appelle *la vue trouble*.

Il est donc constant que nos opticiens, pour le cas des presbytes, ajoutent un appareil réfringent, artificiel à l'appareil réfringent naturel, et qu'ils rapprochent ainsi la distance focale en la ramenant sur la rétine. Supposons que la réfringence d'un œil presbyte vienne à s'affaiblir encore, par une cause quelconque, d'une quantité considérable. L'opticien y remédiera en diminuant les rayons de courbure de ses lentilles convexes, et si, par exemple, la réfringence de l'œil était supposée devenue égale à zéro, la courbure de l'appareil artificiel devrait être telle que son foyer principal fût à une distance égale à celle de la cornée à la rétine, c'est-à-dire à environ 22 millimètres de la surface d'incidence ; au fait, et tout en reconnaissant que cette dernière hypothèse pose un cas qui ne se présente jamais, il est certain qu'une lentille bi-convexe, ou même s'il en était besoin, un système composé de deux lentilles bi-convexes et peu distantes, peut déterminer un foyer assez rapproché pour que sa distance focale principale soit d'environ 22 millimètres.

Examinons maintenant quelle forme il convient surtout de donner à la courbure des lentilles bi-convexes.

Si l'on construit trois figures (voir les figures ci-jointes, et la note explicative), dans lesquelles on tracera la marche, après leur émergence, de rayons composant un faisceau lumineux, assez large pour embrasser presque toute la surface d'incidence de la lentille, savoir : l'une pour le cas de courbures sphériques ; l'autre pour le cas de courbures paraboliques ; la troisième enfin pour le cas de courbures qui ne seraient ni sphériques, ni paraboliques, on remarquera :

1° Que les courbures sphériques déterminent sur l'axe autant de foyers qu'il y a de cônes (*) lumineux émer-

---

(*) Notons bien que ces cônes n'ont ici qu'une surface et ne sont pas des solides. Ces surfaces coniques sont formées par la révolution d'hypothénuses de moins en moins obliques et de plus en plus longues, appuyées, d'une part sur la surface d'émergence et d'autre part, sur la ligne de l'axe.

gents et d'un diamètre différent à leur base; que, dans cette succession de foyers, le plus rapproché forme le sommet d'un cône émergent dont la base est la plus large; qu'un foyer plus éloigné forme le sommet d'un cône émergent, à base plus étroite et ainsi de suite jusqu'au foyer le plus éloigné, qui est le sommet d'un cône émergent dont la base est tellement petite qu'elle se confond presque avec l'axe de la lentille. En avant du premier foyer ou du sommet du cône émergent à la plus large base, commence une série continue d'intersections circulaires, formées par les autres cônes émergents, à bases de plus en plus petites et à sommets de plus en plus éloignés, intersections d'autant plus en deçà de ce premier foyer et d'autant plus distantes de l'axe qu'elles ont été formées par des cônes émergents à plus larges bases. De là les caustiques, produisant des auréoles d'autant plus ouvertes que la base du cône émergent le plus extérieur est plus large et que son sommet est plus rapproché de la surface d'émergence. On verra sur la figure que ces intersections se continuent sur tous les cônes émergents jusqu'au cône à la plus petite base et dont le sommet sera le foyer le plus éloigné ou le point de rebroussement des caustiques.

Ainsi, en premier lieu, on peut déjà dire que si un écran vient à couper le faisceau émergent en avant du 1er foyer, l'image d'un point radieux ne sera plus un point mais un cercle lumineux dont le diamètre sera déterminé par la distance entre les caustiques, à l'endroit où sera placé l'écran. Par conséquent si, au lieu de considérer un seul point radieux, nous supposons une suite de points formant la surface d'un corps, l'image de ce corps ne pourra se produire sur l'écran qu'au moyen d'autant de cercles, en partie superposés, qu'il y a de points; c'est-à-dire qu'elle sera confuse et mal définie, puisque dans toute son étendue elle présentera des espaces affectés, à la fois, des rayonnements de différents points de l'objet, et si

alors une rétine devenait l'écran interposé, on concevra
que les sensations de vision ne pourraient être que confuses, comme l'image elle-même.

Mais voyons aussi ce qui se passe dans toute la série
des foyers jusqu'au point de rebroussement des caustiques.

Après l'entrecroisement des rayons du plus large cône
émergent, au 1er foyer, ces rayons prennent une marche divergente et enveloppent tous les foyers suivants en
les entourant d'un cercle dont le diamètre croît avec la
distance de leur point d'entrecroisement. Les rayons du
second foyer agiront de même à l'égard de tous les foyers
suivants et ainsi de suite jusqu'au dernier foyer. Dans un
ordre inverse, le foyer le plus éloigné enveloppera de ses
rayons convergents et non encore entrecroisés, tous les
foyers plus rapprochés de la surface d'émergence. Un foyer moins éloigné enveloppera de même tous les foyers
plus rapprochés et ainsi de suite jusqu'au foyer le plus
proche de la surface d'émergence. Si donc nous considé-
rons un quelconque de ces foyers intermédiaires, nous
trouverons qu'il est enveloppé à la fois et des rayons divergents des foyers plus rapprochés et des rayons convergents des foyers plus éloignés; d'où il suit que nulle part,
dans cette série de foyers, il n'y aura pour image d'un
point radieux un point lumineux, mais un cercle. Par
conséquent, quel que soit celui de ces foyers sur lequel
sera placé l'écran, l'image d'un point radieux sera un
cercle; en sorte que si, au lieu d'un seul point radieux,
nous supposons une suite de points juxtà-posés sur un
plan perpendiculaire à l'axe de la lentille et formant une
surface qui acquiert des dimensions définies en hauteur
et en largeur, l'image ne sera pas produite par des points
symétriquement disposés sur l'écran, mais par de petits
cercles empiétant les uns sur les autres et affectant les
mêmes points de l'écran de rayonnements émanés des
sources diverses. Et si, alors encore, la rétine devient

l'écran interposé, là perception de l'objet sera, comme l'image elle-même, plus ou moins confuse.

Tels sont les effets inévitables que l'aberration de sphéricité détermine au moyen des courbures sphériques. A la vérité on peut diminuer ces effets de manière à les rendre physiquement peu sensibles, en ne recueillant que les rayons incidents situés à peu de distance de l'axe ; ce qui rend les cercles assez petits pour qu'ils puissent être sensiblement comparés à des points. Mais en diminuant le diamètre du faisceau incident on affaiblit d'autant l'intensité de la clarté au foyer. Et puis, si le faisceau lumineux était diminué de manière à ne plus couvrir qu'une très faible surface d'une sphère dont le rayon serait un peu grand, la ligne des foyers serait extrêmement racourcie et presque concentrée en un point ; ce qui nous reporterait au cas des courbures paraboliques dont nous allons nous occuper ci-desous.

Notons aussi que les effets d'aberration sont également presque annulés lorsque le faisceau lumineux, au lieu de converger directement sur l'écran, en émergeant de la lentille, traverse un système optique comme celui de notre œil, où il subit le mode particulier de réfraction produit par les courbures *non-sphériques* du cristalin. Or, dans le cas ou les humeurs de l'œil n'existeraient plus et où un appareil artificiel serait appelé à y suppléer, ces effets d'aberration se reproduiraient, d'une manière peut-être encore trop marquée, si les courbures du corps lenticulaire, qui fera partie de l'appareil, appartenaient à des segments sphériques, et si le volume du faisceau incident comprenait des rayons un peu distants de l'axe.

Les courbures du milieu réfringent artificiel ne doivent donc pas être sphériques.

2º La 2ᵉ figure, représentant le cas des courbures paraboliques, montrera que tous les cônes émergents se rendant à un foyer unique, qui n'est qu'un point mathématique, si l'écran est placé juste à la distance focale, l'image de l'objet s'y peindra parfaitement nette et définie. Cette figure montrera en outre que si l'on veut considérer un certain intervalle compris en déçà et au-delà du foyer mathématique, le cercle formé en deça par la convergence des rayons avant leur entrecroisement et le cercle formé au-delà par leur divergence après l'entrecroisement, sont assez petits pour que, quant à leur effet physique sur l'écran, ils puissent être à peu-près confondus avec le foyer lui-même. De sorte que l'écran pourra se déplacer un peu en avant ou un peu en arrière sans que l'image ait sensiblement perdu de sa netteté. Or, ce même intervalle compris en deça et au-delà du foyer moyen de courbures sphériques, présente constamment des cercles plus grands. Ainsi l'on serait déjà amené à conclure qu'il faudrait préférer aux courbures sphériques les courbures paraboliques qui ne produisent ni effets d'aberration, ni intersection en avant ou en arrière du foyer, et qui, dans un certain intervalle, en deça et au-delà du foyer, présentent une plus grande concentration du faisceau lumineux que celle fournie par les courbures sphériques.

Supposons maintenant qu'au lieu d'un écran mobile, un peu en deça ou un peu au-delà du foyer d'un point radieux situé à une distance donnée de la surface d'incidence, on ait un écran fixe et situé exactement au foyer. Cet écran recevra l'image parfaitement nette et définie. Dans le cas où, l'écran restant fixe, l'objet serait transporté un peu en deça ou un peu au-delà de cette limite exacte de distance qui place le foyer juste sur l'écran ; le foyer, conjugué avec la distance nouvelle, serait reporté un peu au-delà ou un peu en deça de l'écran, et l'image serait peinte par des cercles assez petits pour que leur effet physique soit sensiblement le même que celui de points mathématiques. Mais plus l'objet sera distant d'un côté ou de l'autre du point conjugué avec le foyer mathématique qui reposerait sur l'écran, plus l'image tendra à se déformer par des cercles de plus en plus grands, substitués aux points focaux.

Quelle que soit la distance d'un objet, l'œil humain n'en perçoit jamais une image parfaitement nette et définie, et il y a toujours des points radieux qui nous échappent. Les éléments réfringents de cet organe ne sont donc pas constitués de manière à avoir pour foyer un point mathématique où se rassembleraient tous les rayons d'un faisceau lumineux. C'est sans doute un avantage, parce que la rétine pourrait, dans le cas où le foyer mathématique tomberait exactement sur elle, être trop fortement impressionnée de la clarté plus vive des points focaux correspondants aux divers points de la surface de l'objet radieux, et parce que la différence dans l'intensité de la clarté serait trop grande lorsque la distance de l'objet considéré aurait notablement varié. Quoiqu'il en soit, il est un fait constant, c'est que les deux courbures du cristallin ne sont ni sphériques, ni paraboliques.

3° Examinons maintenant le cas d'un milieu réfringent dont les surfaces dirimantes n'étant ni sphériques, ni paraboliques, seraient courbées sous une forme à peuprès lancéolée, depuis l'axe jusqu'aux deux extrémités du diamètre de la lentille. On reconnaîtra en construisant une figure où sera indiquée la marche des rayons émergents, qu'ils convergent en une série de foyers ; mais que, contrairement au cas des courbures sphériques, le cône émergent à la base la plus étroite est celui dont le foyer est le plus proche ; qu'un cône émergent à base plus large à son foyer à une distance plus éloignée, enfin que le cône émergeant le plus extérieur est celui dont le foyer est le plus distant. C'est-à-dire que tous ces cônes émergents s'emboîtant les uns dans les autres, convergeront vers leurs foyers respectifs en conservant leurs côtés à peu-près parallèles. De sorte qu'il n'y aura, en avant du 1er foyer, ni intersections, ni caustiques. Mais remarquons que de ce mode de convergence des rayons à peu-près parallèles qui composent le faisceau émergent, il résultera, après l'entrecroisement à chaque foyer et autour de chaque foyer, des intersections formées et des rayons encore convergents des foyers ultérieurs, et des rayons divergents des foyers antérieurs. De là des caustiques ayant leur point de rebroussement au 1er foyer et s'ouvrant du côté des foyers les plus distants.

On remarquera aussi que depuis les premiers jusqu'aux derniers foyers, le diamètre du faisceau concentré est assez sensiblement le même; ce qui fait que, ce diamètre étant d'ailleurs très-petit, il y a un certain intervalle dans l'étendue duquel l'écran peut-être placé indistinctement sur un foyer plus proche ou sur un foyer plus éloigné sans que l'image cesse d'être suffisamment nette, parce que les cercles qui représentent chacun des points de l'objet ont un diamètre assez petit pour être sensiblement comparés à des points; ou bien, ce qui fait que, l'écran restant fixe, l'objet peut être déplacé d'une certaine distance sans que son image soit produite par des cercles sensiblement plus grands que des points.

Le champ de la vision la plus distincte pour l'homme, dont les courbures du cristallin ne sont ni sphériques, ni paraboliques, sera donc limité par les deux termes de distance qui se conjugueront avec les foyers entrêmes. Plus l'objet sera situé en deçà ou au-delà de l'espace compris entre ces deux termes, plus son image deviendra confuse, car plus les cercles qui représenteront les divers points de sa surface seront agrandis et par conséquent empiéteront les uns sur les autres. De là la raison pour laquelle un grand nombre des points de la surface d'un objet ne peuvent être distingués lorsque celui-ci est situé à une distance un peu considérable; car les cercles représentant sur la rétine les points les plus voisins sont alors presque entièrement superposés et l'œil ne peut plus saisir que les points assez distants pour que leurs cercles respectifs n'empiétent qu'en partie les uns sur les autres.

En résumé, si nous comparons ce 3e mode de courbures au cas des courbures sphériques, nous trouverons qu'avec un même faisceau de rayons, il peut donner une série plus longue de foyers concentrés en un petit diamètre que celle des courbures sphériques, et en maintenant sans trop de différence le même degré d'éclairement à tous ces foyers.

En comparant ce 3e mode au cas des courbures paraboliques, nous trouvons qu'il présente sur celui-ci l'avantage de ne pas différencier autant l'impression produite par un objet situé juste à la distance qui détermine un foyer mathématique sur la rétine, d'avec l'impression que celle-ci recevrait dès que cette distance aurait assez notablement varié ; ce qui causerait sans doute au nerf optique une fatigue désagréable et peut-être fort dommageable.

En fait, d'une part la cornée paraît n'avoir pas une courbure sphérique, et d'autre part, la substance lamelleuse du cristallin offre des surfaces dont les courbures ne sont certainement ni sphériques, ni paraboliques (*).

Nous n'avons pas à discuter ici les hypothèses, tant physiologiques que psychologiques, au moyen desquelles on a cherché à expliquer le phénomène de l'ajustement de l'œil humain, aux diverses distances des objets. Nous pensons qu'une seule est rationnelle et s'accorde d'ailleurs avec les faits d'observation.

(*) Si d'ailleurs l'on considère la structure particulière du cristallin qui est formé d'un noyau sphérique sur lequel sont superposées des lames inégalement épaisses, on reconnaîtra que ses effets de réfraction doivent être les mêmes que ceux d'un corps lenticulaire dont les surfaces seraient courbées selon la forme que nous avons appelée lancéolée.

Ainsi il est constant que la courbure de la cornée croît ou s'affaiblit selon que la distance de l'objet a diminué ou augmenté. D'où l'on doit conclure que, dans le cas, où la courbure est plus forte, le globe de l'œil s'est allongé dans le sens de son axe; et que, dans le cas où elle est plus faible, il s'est déprimé dans le même sens. Or, cet allongement ou cette dépression du globe de l'œil ne peut s'opérer qu'en vertu de mouvements musculaires qui s'accomplissent sous des influences nerveuses, analogues à celles qui déterminent la contraction ou la dilatation de l'iris. Il en résulte les effets suivants :

L'objet étant plus rapproché et les cônes lumineux émanés de chacun des points de sa surface, arrivant à la cornée d'un sommet plus proche et sous un angle plus ouvert, ce qui entraîne pour conséquence de reporter la ligne des foyers un peu plus loin de la surface d'incidence, la rétine se trouvera convenablement placée sur cette ligne si, d'une part, elle est un peu plus distante de la cornée par l'effet de l'allongement du globe de l'œil, et si, d'autre part, une plus forte courbure de la cornée a augmenté le pouvoir réfractif de cette première surface dirimante.

L'objet étant plus éloigné et les cônes lumineux rayonnés de chacun des points de sa surface, arrivant à la cornée de sommets plus distants et sous un angle plus aigu, ce qui aura pour effet de rapprocher la ligne des foyers de la surface d'incidence, la rétine se trouvera encore convenablement placée sur la ligne des foyers si, d'une part, elle se trouve ramenée plus près de la cornée par la dépression du globe de l'œil dans le sens de son axe, et si, d'autre part, le pouvoir réfractif de la cornée a diminué en raison de l'affaiblissement de sa courbure.

L'ajustement de l'œil aux diverses distances paraît donc dépendre des trois causes suivantes : 1° Le mode particulier de la convergence des rayons qui ont traversé un

1

système de milieux terminés par des surfaces dont les courbures ne sont ni sphériques, ni paraboliques et qui produisent non un seul foyer, mais une série de foyers de plus en plus distants de la première surface d'incidence 2° L'allongement ou la dépression du globe de l'œil dans le sens de son axe ; 3° L'augmentation ou l'affaiblissement de la courbure de la cornée ; ces deux dernières causes concourant à produire un changement dans la distance relative de la cornée et de la rétine, et un changement dans la distance de la ligne des foyers.

On objectera peut-être ici que, dans le cas d'un œil artificiel, les effets d'ajustement résultant de cette dernière cause, ne pourraient plus avoir lieu. Mais il est clair qu'on remédierait facilement à la fixité de la courbure de la première surface dérimante, en donnant aux courbures des lentilles une forme telle qu'elles produisissent une série plus longue de foyers ; de sorte qu'en l'absence de mouvements musculaires qui déplaceraient quelque peu, soit la rétine, soit la ligne des foyers, la rétine quelle que fût la distance des objets, se trouverait toujours à l'un des foyers et y recevrait l'impression de rayons suffisamment concentrés pour qu'il en résultât une vision distincte.

Partons donc de ces données pour indiquer (très-sommairement, toutefois, et en négligeant de certains détails d'exécution pratique qui ne semblent pas devoir entrer dans ce cadre tout théorique), en quoi consisterait notre appareil réfringent artificiel.

L'œil artificiel ordinaire, dont l'objet est seulement de masquer une difformité, sans la détruire, est formé d'une coque en émail, d'un blanc opale imitant la couleur de la conjonctive, et au milieu de laquelle sont peints une zône circulaire représentant l'iris, et un cercle noir représentant la pupille. Cette coque se place sous les paupières contre lesquelles s'appuie sa face convexe. Sa face concave repose sur la sclérotique ou, si l'on veut , sur la conjonctive qui en recouvre la partie antérieure , et ses bords arrondis sont arrêtés par les muscles de l'œil.

A la place du cercle opaque représentant la pupille , supposons un corps lenticulaire , de crown-glass , bi-convexe , et dont les courbures seraient de même nature que celles du cristallin, c'est-à-dire selon le troisième mode dont nous venons de parler. A très-peu de distance de sa courbure interne , ou immédiatement contre cette courbure , serait placée une seconde lentille , en flint-glass , concavo-convexe et dont les courbures seraient calculées de manière à produire la combinaison d'effets de dispersion qui détermine l'achromatisme. On donnerait à ce système de lentilles une puissance réfractive telle que le premier foyer, dans le cas où l'objet serait à environ 25 centimètres, ce qui est ordinairement le terme de la vision la plus distincte, se trouvât à une distance d'environ 22 millimètres de la surface d'incidence ; et que le dernier foyer se trouvât aussi à cette même distance de 22 millimètres dans le cas où l'objet serait très éloigné; c'est-à-dire dans le cas où les rayons extrêmes des cônes incidents seraient presque parallèles.

Supposons encore , sans tenir compte pour le moment d'aucun effet physiologique, que cet appareil (quelque peu modifié, cependant, quant à la forme de la coque), soit introduit par dessous la sclérotique qu'il distendrait à peu-près comme dans l'état normal, et que la cornée recouvre la surface d'incidence de la première lentille si elle a conservé sa transparence, ou soit enlevée d'une largeur suffisante si elle est devenue opaque.

Il est incontestable que les rayons de lumière émanés des objets radieux extérieurs et arrivant sur la surface d'incidence de la première lentille, traverseront ce milieu transparent et y subiront une réfraction qui les concentrera sur la rétine en autant de foyers disposés symétriquement sur cette membrane nerveuse qu'il y aura de points dans la surface de chacun de ces objets. Notre première question est donc pleinement résolue, au point de vue de la théorie, par les considérations qui précèdent, et elle se trouve ramenée à une pure question d'art qu'un habile opticien résoudrait facilement à son tour dans son atelier.

2me SECTION.

Passons maintenant à la deuxième question posée plus haut en ces termes :

« L'appareil réfringent artificiel étant construit dans les « conditions réfractives voulues, pourra-t-il être placé de « manière à remplir sa fonction vis-à-vis de la rétine et « l'état physiologique de celle-ci permettra-t-il les percep- « tions de vision » ?

Cette question-ci est, on le conçoit tout d'abord, peu susceptible, *à priori*, d'une solution certaine et c'est surtout à l'expérience qu'il appartient de la résoudre au moyen d'un appareil semblable à celui dont nous venons de parler. Loin de nous l'idée de vouloir produire ici plus que de simples conjectures. Nous n'aurons donc pas la prétention de résoudre cette question délicate, et les considérations qui vont suivre auront uniquement pour objet d'appeler sur ce point l'attention des praticiens.

Disons d'abord qu'il ne suffit pas que le nerf optique, ou plutôt la rétine, ait cessé, même durant de longues années, d'être excité par des faisceaux lumineux pour qu'il perde le mode particulier d'excitabilité qui engendre les phénomènes de vision. Et en effet, par exemple, on peut avoir perdu, pendant fort longtemps, l'usage d'un œil ou des deux yeux par la naissance d'une taie sur la cornée, ou par l'oclusion de l'iris, ou par l'opacité du cristallin, sans que la sensibilité de la rétine en paraisse altérée, puisqu'après l'enlèvement de la taie, l'incision circulaire de l'iris à l'endroit de la pupile, ou l'opération de la cataracte, la vue est rétablie. Cette sensibilité semble même s'être exaltée durant le long sommeil qu'avait imposé à la rétine l'interposition de l'écran opaque qui interceptait et éteignait les rayons lumineux ; car le malade, après l'opération, est forcé de modérer et de régler l'action de la lumière, de telle sorte que la rétine ne soit amenée que graduellement et souvent après un intervalle d'environ un mois, à percevoir tout le faisceau qui, en plein jour, traverse et pénètre la pupille.

On ne serait même pas fondé à objecter que les malades opérés de la cataracte ne recouvrent jamais la vision nette et distincte dont ils jouissaient autrefois et à en conclure que la sensibilité de la rétine s'est affaiblie pendant le laps de temps où elle aurait été soustraite à l'excitation de la lumière. Car si la rétine était devenue moins excitable, il est évident que ses perceptions seraient toujours très-nettes du moment où l'objet serait situé à une distance convenable et serait plus éclairé. La cause d'une vision confuse, après l'opération de la cataracte, ne peut donc pas être rapportée à l'état physiologique de la rétine, mais seulement aux changements survenus dans le système des milieux réfringens dont se compose alors l'appareil optique. Si en effet l'un des éléments les plus importants de ce système, le cristallin, a été supprimé, il est facile de comprendre que la distance focale sera modifiée ; que le mode particulier de convergence des rayons, déterminé par la forme de ses courbures, sera détruit, et que par conséquent l'image de l'objet ne se peindra plus sur la rétine par des points focaux juxtà-posés et reproduisant la forme nette et bien définie de la surface de l'objet, mais par des cercles sensiblement plus grands que des points, empiétant les uns sur les autres et affectant les parties de la rétine comprises entre leurs intersections de rayonnements lumineux, provenant de sources diverses. De là, comme nous l'avons vu plus haut, la raison d'une perception qui devient d'autant plus confuse que ces cercles, selon la distance des objets, acquièrent un plus grand diamètre et s'entrecoupent dans une plus grande étendue de leur surface.

Il est vrai que l'œil opéré est ordinairement armé d'un verre convexe dont les courbures rétablissent la réfraction au degré convenable pour ramener la distance focale sur la rétine. Mais ce verre lenticulaire étant formé de segments sphériques ne donne plus la série linéaire de foyers propres aux courbures lancéolées du cristallin, et puis comme la pupille ne reçoit que des rayons peu distants de l'axe optique, la ligne des foyers propres aux courbures sphériques n'est presque plus qu'un point, comme si les courbures du verre étaient paraboliques. D'où il suit que des cercles lumineux, d'un diamètre sensible, apparaîtront dès-lors que la distance de l'objet aura varié assez notablement de celle qui fait aboutir la distance focale juste sur la rétine. Et en outre, la suppression du cristallin a altéré la combinaison des pouvoirs dispersifs propres à chacun en particulier des éléments de notre système optique et qui produisaient l'achromatisme. Du moment où la lentille ne pourra rétablir cette combinaison d'effets dispersifs, chaque rayon élémentaire du faisceau incident sera reproduit sur la rétine par de petits cercles concentriques colorés, et s'il est vrai que la superposition presque complète de tous les petits cercles colorés, appartenant aux rayons les plus voisins, recomposent sensiblement la lumière blanche, on ne peut nier toutefois l'existence d'autant de spectres circulaires qu'il y a de rayons élémentaires convergent au foyer. De là une seconde cause d'images plus ou moins mal définies et par conséquent de perceptions plus ou moins confuses.

Notons bien cependant que nous ne venons de considérer l'état physiologique de la rétine, dans les cas d'o-
pacité du cristallin ou de la cornée, ou dans le cas d'occlusion, résultant d'un resserrement et d'une jonction des
bords circulaires internes de l'iris, que chez des indi-
vidus possédant un système optique complet dont un seul
élément était plus ou moins détérioré, sans que cet appareil eût néanmoins cessé de former une masse orbi-
culaire, remplissant tout l'espace qui lui est assigné dans
l'orbite. D'ailleurs la privation de lumière est rarement
absolue dans l'un ou l'autre de ces cas et la rétine en
perçoit ordinairement encore quelques lueurs confuses.

On ne peut donc en conclure rigoureusement que l'excitabilité de la rétine existerait encore dans le cas où,
ce système serait détruit, dans le cas où, pour
parler le langage usuel, l'œil serait fondu. Cette excitabilité dépend peut-être en effet de certaines conditions d'existence de la rétine ; conditions qui ont pu
changer pour elle par l'effet de l'altération ou de la dis-
parition des humeurs de l'œil et notamment de l'humeur
vitrée. Les facultés perceptives de la rétine ont pu d'ailleurs s'amortir et disparaître pendant la longue inaction
à laquelle l'avait condamnée l'occlusion des paupières
jointe à la désorganisation du système réfringent. Mais
remarquons bien aussi que nous n'exprimons ici qu'un
doute, l'hypothèse la plus défavorable, et que rien de
certain à cet égard ne saurait être établi *à priori*. Le se-
cours de l'expérience est donc indispensable pour que l'on
puisse constater avec certitude *quel est l'état physiologique de la rétine dans le cas d'un œil fondu*, et cette expérience ne saurait être faite qu'en employant un appareil artificiel, du genre de celui dont nous avons parlé.

Poser convenablement cet appareil est sans doute une
opération délicate et difficile et elle ne peut être conduite
à bonne fin que par un praticien habile et exercé. Il ne

s'agit plus seulement, en effet d'appliquer un œil artificiel ordinaire contre la sclorique et contre les muscles
de l'œil, qui doivent lui servir d'appui ; mais il faut,
après avoir fait l'ablation du cristallin, s'il existe encore,
introduire l'appareil optique artificiel dans l'intérieur même de la sclérotique ainsi que sous la partie antérieure
de la choroïde. A cet effet on pratiquera une ouverture
suffisamment grande pour donner entrée à l'œil artificiel,
tout en conduisant le scalpel de manière à respecter la
cornée si elle est restée transparente, ou à en enlever
la partie médiane, si elle était devenue opaque. L'œil
artificiel introduit, on retendra ces membranes, alors
déprimées, ainsi que la rétine qui adhère à la choroïde,
et on leur rendra autant que possible leur forme sphéroï-
dale normale, en ramenant sur la face antérieure de l'appareil artificiel les deux bords de la section, qu'on fixera
par des points de suture.

Il se présente ici une objection qu'il convient d'exa-
miner. Lorsqu'on s'est fait poser un œil artificiel ordinaire, destiné seulement à masquer une difformité, on
l'enlève tous les soirs, avant de se coucher, afin de lais-
ser reposer les organes qu'un trop long contact avec un
corps étranger a irrités. Si cet œil était permanent, il
déterminerait très certainement soit sur la conjonctive,
soit sur les muscles de l'œil, une inflammation qui de-
viendrait infailliblement la source d'accidents fort graves
qu'il vaudrait bien mieux prévenir en se résignant à con-
server sa difformité. Or, l'appareil réfringent artificiel
devant être permanent, n'entraînerait-il pas les mêmes
fâcheux résultats, et, pour cette seule raison, ne devien-
drait-il pas impraticable ?

Nous répondrons en faisant observer :

1º Que l'œil artificiel ordinaire est en contact avec
des orgagnes que la présence d'un corps étranger irrite
facilement ;

2° Que l'action de l'air, sur les organes irrités, tend à y développer un état inflammatoire qui altère plus ou moins leur tissu et dont les conséquences deviendraient très graves, si le contact du corps qui a produit l'irritation ne cessait pendant un certain temps à des intervalles peu éloignés ;

Tandis que si l'appareil était posé dans l'intérieur même des membranes qui enveloppent le globe de l'œil, le contact n'existerait qu'avec la sclérotique et la choroïde, membranes d'une sensibilité fort obtuse puisque l'on peut, sans causer de sensation douloureuse, les percer soit de deux aiguilles afin d'établir dans l'humeur vitrée le courant électrique employé quelquefois avec succès dans les commencements d'amaurose, soit du couteau ou de l'aiguille à cataracte lors que l'on pratique cette opération. L'action de l'air extérieur n'interviendrait plus, dans ce cas, pour produire et développer de l'irritation sur les points en contact avec l'appareil. Il se pourrait d'ailleurs que ces membranes, une fois distendues, se remplissent d'une humeur analogue à l'humeur aqueuse, et sécrétée par elles, comme cela arrive, après l'opération de la cataracte, dans les deux chambres et dans l'espace qu'occupait le cristallin avant son ablation ; ce qui produirait une lubrification salutaire aux points de contact.

Si, comme cela est présumable, cette sécrétion d'humeur transparente venait remplir l'enceinte vide du globe de l'œil, elle complèterait la distension des membranes et fournirait un point d'appui à l'appareil pressé par elle sur sa face interne. Mais les effets réfractifs de celui-ci pourraient en être modifiés. Il est clair, en effet, que pour peu que la réfringence de cette humeur soit à peu-près égale à celle du corps lenticulaire de l'appareil, la réfraction, operée par la surface convexe interne de cette lentille, sera diminuée, et que par conséquent la distance focale sera reportée plus en arrière. On s'en assurera facilement au moyen d'un verre convexe dont on notera avec soin le rayon de courbure et qu'on placera en avant de la surface d'incidence, de même que pour un cas d'œil presbyte. On saura alors de combien il faudrait augmenter l'angle de réfraction du corps lenticulaire en construisant de nouveaux appareils ; car il ne faut pas se dissimuler ici qu'une première expérience ne donnerait très-probablement pas la mesure exacte du pouvoir réfractif que doit posséder définitivement le corps lenticulaire pour produire juste la distance focale la plus convenable.

En résumé sur cette 2e question, si, d'une part, il est certain que, dans les cas d'opacité de la cornée ou du cristallin, la rétine a conservé le mode particulier d'excitabilité qui engendre les phénomènes de vision, d'autre part, on ne peut affirmer ni nier avec assurance qu'elle en jouisse encore quand un accident a amené une grave détérioration dans les humeurs réfringentes de l'œil et surtout quand l'accident date d'une époque peu récente. Il conviendrait donc d'expérimenter si, dans le cas où les humeurs de l'œil seraient détruites, la rétine est restée impressionnable aux rayons de lumière, de même que dans le cas où une taie ou une cataracte l'a pendant long-temps soustraite presque complètement à leur excitation. Cette expérience se fera en introduisant sous la partie antérieure des membranes (après avoir fait l'ablation du cristallin, s'il existe encore, et d'une certaine portion de la cornée, si elle est opaque), un appareil optique jouissant de propriétés réfractives et achromatiques, analogues à celles d'un œil naturel et construit de manière à pouvoir s'adapter convenablement dans le globe de l'œil. Puis il faudrait reconnaître quel serait le pouvoir réfringent de l'humeur transparente qui viendrait remplir l'espace précédemment occupé par les diverses humeurs de l'œil, et quels seraient par conséquent les changements survenus dans la distance focale propre à l'appareil artificiel, afin de pouvoir construire ultérieurement des appareils réfringents dont le pouvoir réfractif serait calculé d'après les modifications que la présence de cette humeur ferait subir à cette même distance focale, et afin qu'en définitif la ligne des foyers appartenant à chaque faisceau individuel des rayons incidents commençât à une distance telle de la surface d'incidence, que les premiers foyers vinssent tomber sur la rétine lorsque les objets seraient très-éloignés et les rayons incidents à peu-près parallèles, et que les derniers foyers aboutissent aussi à la rétine lorsque les objets seraient très-rapprochés et les rayons incidents dirigés de chaque point de la surface de l'objet vers la surface d'incidence sous un angle moins aigu, c'est-à-dire sous un angle dont le sommet ne serait distant de la surface d'incidence que de 25 centimètres environ.

Nous nous arrêtons ici, bien que cette deuxième question, la plus importante, soit fort imparfaitement et fort incomplètement traitée, et qu'elle ouvre un champ fort vaste à une discussion en l'absence de faits spéciaux d'expérience, déjà acquis et qui serviraient de points de départ certains, en n'émettant par conséquent que des propositions conçues à peu-près *à priori* ou fondées sur des inductions, plus ou moins éloignées de faits physiologiques constatés dans des circonstances quelque peu analogues : il faudrait que des médecins, judicieux observateurs de tous les phénomènes qui accompagnent ou suivent les diverses opérations accomplies dans les limites actuelles de l'art de l'oculiste, s'occupassent conjointement avec nous de cette question.

Avignon, le 20 mars 1846.

WEYLANDT D'HETTANGES.

Nous transcrivons ci-dessous deux notices qui nous furent adressées, l'une par un habile physicien, M. Despercy, l'autre par le célèbre Mathias Mayor, de Lausanne.

M. le docteur Weylandt, dont l'extrême habileté dans diverses branches spéciales de la chirurgie et notamment dans l'art de l'oculiste, frappait d'étonnement tous ceux qui assistaient à ses délicates opérations, espère, *dit-on*, pouvoir remplacer l'œil artificiel qui chez les borgnes n'a d'autre objet que de simuler l'œil naturel sans en remplir les fonctions, par un autre œil artificiel, construit de manière à livrer passage aux rayons de lumière en les faisant converger convenablement sur la rétine, et par conséquent à procurer les sensations de vision.

Sans chercher à nous assurer si M. le docteur Weylandt espère réellement reculer aussi loin les limites actuelles de son art, ou si les admirateurs enthousiastes de son talent ont mal saisi ses paroles, nous avons lu avec plaisir son manuscrit et nous nous demandons avec lui *s'il serait en effet possible de procurer la vision au moyen d'un œil artificiel.*

Notons bien que nous n'avons pas la prétention de résoudre cette question difficile ; car pour y arriver, il faudrait posséder des connaissances spéciales qui nous manquent et de certains faits d'expérience qu'aucun oculiste, avant M. Weylandt, n'a encore, que nous sachions, cherché à réaliser. Nos conclusions resteront donc encore entachées d'une forme dubitative, ou plutôt elles ne seront encore qu'à l'état de propositions non démontrées. Aussi, prions nous M. le docteur Weylandt de faire tous ses efforts non pour fournir une solution certaine, mais pour appeler sur ce point important de l'art de l'oculiste, l'attention de tous les praticiens instruits, habiles et entreprenants.

Planches, le 14 juillet 1845.

DESPERCY.

Les réflexions de l'habile oculiste sont fort justes, aussi

ne touchent-elles pas le point important dans cette question : *l'état anatomique de la rétine.* Tout est là cependant; puisque de cet état seul, dépend la faculté *physiologique*, autre besoin impérieux.

Il s'agirait donc qu'un habile anatomiste déterminât
la position relative ou les altérations qu'a subies l'expan-
sion du nerf optique. Elles doivent être telles à ne lais-
ser à ce dernier aucune propriété capable de reproduire
l'image, même obscure de l'objet, qu'un œil artificiel
viendrait peindre sur le tronçon informe caché au fond
de l'orbite.

M. Weylandt est arrivé aux confins de l'art, et on
conçoit qu'il cherche à pénétrer plus avant. Mais là est
l'impossible. Ce n'est du reste qu'aux hommes de génie
qu'il est donné de vouloir cet impossible.—Attendons ?

Lauzanne, ce 30 août 1845.

Mathias Mayor.

Note sur les Figures.

Ces figures ont pour objet d'indiquer le mode de convergence des rayons réfractés par chacun des 3 modes
de courbures dont nous parlons ici. Les lignes AAA,
BBB, CCC, désignent 3 cônes de rayons pris sur le
faisceau lumineux dont P Q est le diamètre près de la
surface d'incidence.

La 1re figure montre que les rayons les plus distants
de l'axe, subissant une réfraction plus forte parce qu'ils
arrivent sur la surface d'incidence sous un angle plus
aigu par rapport à la tangente, s'entrecroisent les premiers, et qu'à mesure que les rayons se rapprochent de
l'axe ils ont un foyer plus éloigné. En sorte qu'il y a une
série continue de foyers formés par les points d'entre-

croisement particuliers à chacune des lignes circulaires concentriques que le faisceau lumineux détermine sur la surface d'incidence ; d'où il suit que si, au moyen d'un écran opaque , percé d'un trou (tel que l'iris), on ne prend sur le faisceau incident que des rayons très-voisins de l'axe optique, en éliminant tous ceux qui se trouvent au-delà, la série des foyers deviendra très-courte et pourra n'être considérée que comme un foyer mathématique de courbures paraboliques.

La 2e figure représente le faisceau lumineux traversant des courbures paraboliques et convergeant en un seul foyer. On voit que le faisceau émergent est composé d'un nombre infini de cônes ayant un sommet commun , et des bases de plus en plus petites qui toutes reposent sur la surface d'émergence. En ne recueillant que les rayons voisins de l'axe , il y aura un plus grand espace en deçà et au-delà du foyer F , dans lequel l'écran pourra se mouvoir sans que le point focal soit remplacé par des cercles lumineux d'un diamètre sensible.

La 3e figure montre comment on peut obtenir une série continue de foyers, d'une longueur à peu-près arbitraire ; les 1ers foyers appartenant aux rayons incidents les plus voisins de l'axe et les derniers foyers aux rayons incidents les plus éloignés de l'axe. Cet effet résulte de ce qu'à mesure qu'ils s'éloignent de l'axe, les rayons lumineux arrivent sur les surfaces dirimantes sous des angles un peu moins aigus, par rapport à la tangente , que si ces surfaces n'affectaient pas le mode de courbure que nous avons appelé *lancéolé*.

Remarquons que plus cette forme lancéolée sera prononcée, plus les foyers des rayons extérieurs du faisceau seront éloignés. On peut donc obtenir ainsi 2 foyers extrêmes fort distants l'un de l'autre et entre lesquels se trouvera un nombre infini de foyers intermédiaires sur chacun desquels on pourra à peu-près indistinctement placer l'écran destiné à recevoir l'image. Cette forme de courbures peut donc procurer, sans le concours d'aucune autre cause, les effets d'ajustement qui, dans l'œil humain, résultent et de la structure du cristallin et des circonstances physiologiques dont nous avons parlé.

Orange, Imp. de RAPHEL fils.

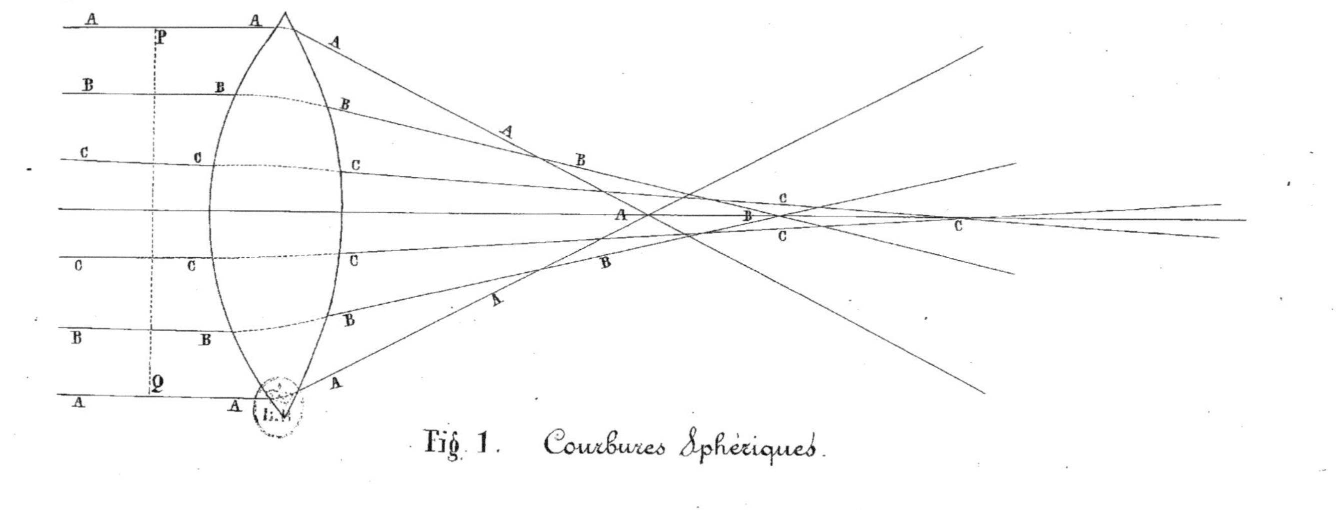

Fig. 1. Courbures Sphériques.

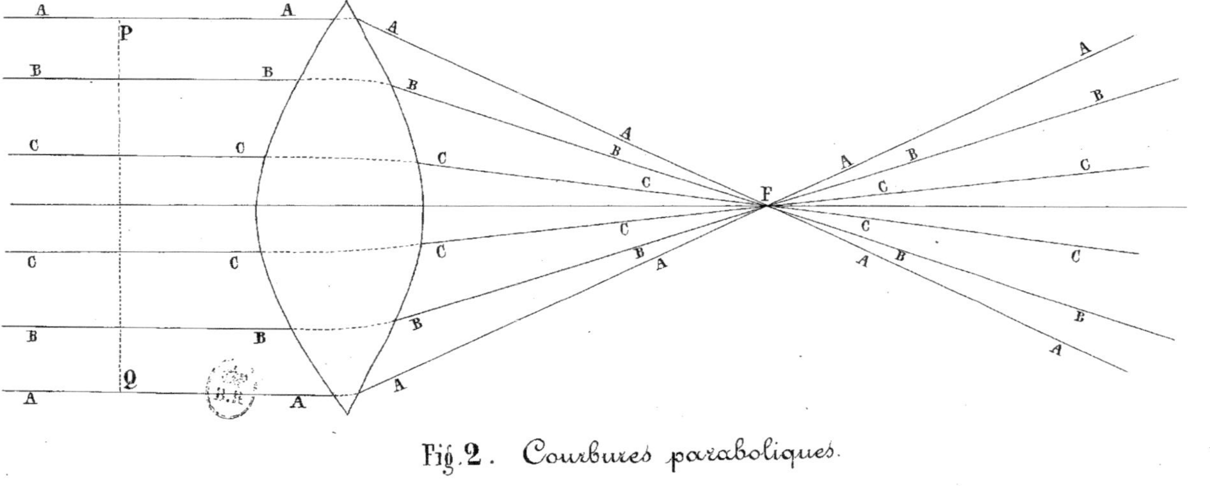

Fig. 2. Courbures paraboliques.

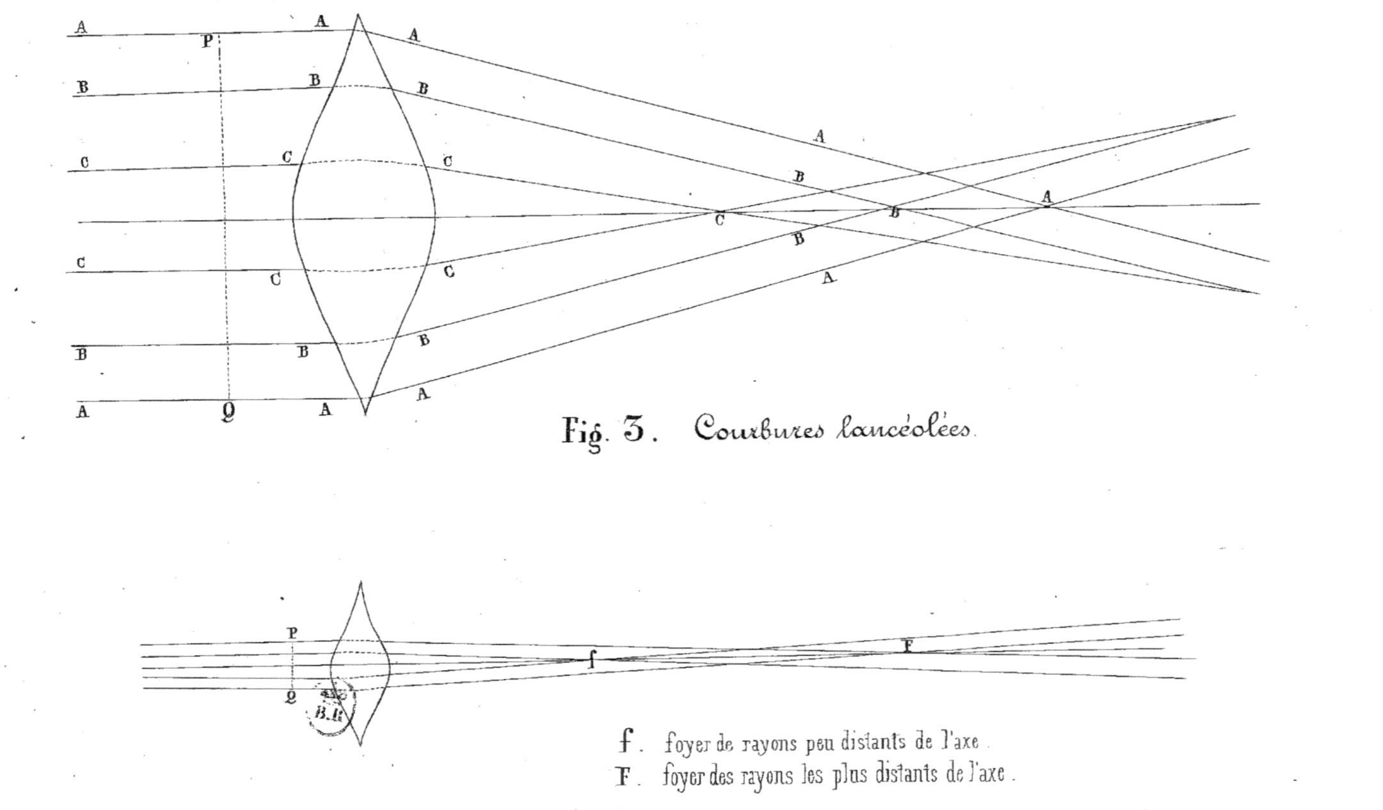

Fig. 3. Courbures lancéolées.

f. foyer de rayons peu distants de l'axe.
F. foyer des rayons les plus distants de l'axe.